JN408989

먼 길

아름답고

쓸쓸한

박 수 찬 시 집

먼 길
아름답고
쓸쓸한

도서출판 천우

自序

어릴 적 까닭 없는 슬픔이
먼 산 너머 그리움을 찾아 떠나게 했다
세상은 녹록지 않고
누구도 인생의 답을 주지 않기에
젊은 날은 고독했다

쓰고 절망하고
삶에 채이고 덧난 상처들의 흔적이다
쓸쓸히 삶을 관통하는 것은 허망한 육신이었다

별은 이내 멀리 있고
가도 가도 닿을 수 없는 그리움

먼 길 쓸쓸한 삶을 감내하리라

2018 가을에
안양에서 박 수 찬

제1부

먼 길 아름답고 쓸쓸한 삶

제 2 부

슬픔의 부재

제 3 부

그 읍의 황혼 속으로

제 4 부

별

제1부

먼 길 아름답고 쓸쓸한 삶

눈

눈이 내린다
가난한 자의 집에도
부자의 집에도
눈이 내린다.
잠시, 순백의 살결을 드러내어
평등함을 가르쳐 준다
눈이 귀찮아진
부자들은 부지런히 눈을 치우지만
가난한 자들은 눈과 함께 녹는다.
이 마을에도 밤이 온다.
별도 안쓰러워
가난한 지붕에 기대는
겨울밤

이슥한 봄

골짜기 저쪽 오두막집
가물거리는 흐린 등불 꺼지지 않을 때까지
눈이 그치기를 기다린다.

남루한 가난이 벗어놓은
때 절은 옷
관대히 용서할 때까지
눈이 그치기를 기다린다.

계곡 얼음 속에 갇힌
산천어처럼
박빙의 삶을 살고 싶다.
메마른 화두 하나
이슥한 봄이 올 때까지.

내리치는 폭설로 이내, 발자국 끊기고, 길도 사라져 아무도 오지 않는 이곳에 기다림의 끝을, 그리움의 막막함마저 전언할 수 없을 때, 나는 두려움도 죽음도 한없이 내리는 눈처럼 맞을 수 있으리….

겨우내 언 빙폭
슬픔의 두께 그 언저리
서성거릴 수 있으리

그해 겨울 눈이 그치기를 기다렸다.
아무것도 아닌 듯.

겨울 저녁

이놈의 육시랄 눈
속절없이 내리는데
불도저 자국에 수레는 빠져
어찔어찔 헛도는데
철거로 다들 떠나간 산동네
뻥 뚫린 판자 구멍으로
눈바람은 윙윙 싫다 싫다 우는데
우리는 어디가 못생겨 이렇게 살아왔나.

떨어지는 눈발에도
슬픔의 무게를 얹는다.

쌍계사 봄날

동동주 낮술에 취해
벚나무 밑에 봄잠을 즐겼더니
취중에 벚꽃 이불 덮어 놓았네
일행들 물어보니 알 길 없다 하는 데
파스텔 빛 번지는 봄 산이 가로막네
요염한 봄꽃들이 따라주는 향기에
집 가는 길 잃어버려도 좋은 그런 봄날.
어찔어찔 걷는데
산중 구름결에 실려 오는 목어 소리
무상함 알 듯 말 듯 하이
한사코 길 재촉하여 무엇 하리
앞서가는 발길 붙들어
산그늘 잠기는 물 따라 흘러가리
꽃 내음 분분히 날리는 소롯길로.

먼 길 아름답고 쓸쓸한 삶

춥고 외로운 동네 어귀에서
술 취한 아버지가 오기를 기다렸다
헐렁한 무명 교복 바지에
매서운 바람은
슬픈 세월을 건너가고 있었다

밤하늘의 무수히 빛나는 별들과
언덕 위에 쏟아지는 달빛이 아니었더라면
견딜 수 없는 고독감에
이 황량한 사막을 건너지 못했으리라
설령, 그것이 가난만은 아니더라도
설령, 그것이 사랑의 상처만은 아니더라도
뭇별들이 이끄는 사막을
낙타의 등을 타고 건널 때
고독이 담긴 그림자 길게 끌리다.

낙타의 혹은 여전히 슬프고
삶은 덧나고 상처 난 흔적으로 남을 때
슬픔을 견디는 영혼
사막을 건너가는 것은 세월이었다
쓸쓸히 삶을 관통하는 것은 허망한 육신이었다

먼 길, 아름답고 쓸쓸한 삶을 감내하리라

시외버스 터미널

분주한 일상이 교차하는 이곳에 오면
설레임으로 의자에 앉아
기다림으로 행복해지는 저녁이다.
떠나는 사람들의 슬픈 이별을 상상하고
같이 슬픔을 나누는 일로
창가에 번지는 성에꽃도 처연하다.

수많은 행선지만으로도
낯 설은 길이 생기고
삶은 계란에 사이다 한 병 챙겨
여행의 즐거움에 달아오르거나
옆자리의 사람과 친구가 되어
귤 한 조각 나누어 먹으며
창밖 설원 풍경에
아슴한 옛 추억을 생각거니

차마, 잊었던 고향 처마 밑
곶감 익어가던 그리움처럼
붉게 단 연탄난로에 앉아
언 손을 녹이는 것이다.
사람들 그렇게 오고 가고
터미널 딱딱한 목조 의자에 앉아
문득, 옛사랑이 찾아오는 상상에
기다림으로 행복해지는 저녁이다.

왼손이 오른손에게

참, 무던히도 너를 혹사시켰지
습관처럼 밥 먹을 때도
고독이 엄습하는 골방에서 시를 쓸 때도
그녀에게 팔베개로 마음을 내줄 때도
무거운 짐이 앞에 놓이면
네가 먼저 들듯이
혹, 인생의 짐을 너만이 진 것처럼
슬퍼하거나 노하지도 말게
때로 반가운 이에게 악수를 청하는 것도
그녀의 부드러운 머리카락을 만지는 것도
아마 너였지
해 드는 마루에서 내 손톱을 가지런히
잘라주던 너를 잊지는 않겠네
혹여, 나를 무위도식의 건달이라는
편견을 가진 것은 아니겠지
그녀의 사랑이 흔들릴 때
너와 내가 그녀의 작은 등을 감쌌던
아름다운 추억을 잊지는 않았겠지
간절히 기도할 때도
우리는 손을 맞대고 한 편이었지 않은가

오십견을 앓는 지금
자네는 편히 쉬지 않는가
어때, 이만하면 공평하지 않은가

백석… 그러나

깊은 겨울이었을 것이다
남도의 산사 아랫마을 민박집에서
미지근한 아랫목에 발을 넣고
배낭에서 주섬주섬 시집을
꺼내 읽는다
백석의 남신의주 유동 박시봉방을
그러나에서 호흡이 끊어진다
접속의 말이 시의 흐름을 끊는 사이로
싸락눈이 내린다
마른 잎이 어지러운 눈발에 휩쓸리는
그런 밤이었을 것이다.
홀로 떠난 여행이 늘 그렇듯이
추억은 켜켜이 쌓이고
오늘은 열일곱 짝사랑이었을
갈래머리 소녀를 뒤따라갔다.
백석은 객줏집 어린 딸 난이를 사랑했으나
홍공단 한 필도 무색하게
통영 바다 선홍빛 동백꽃만 뚝뚝 떨어졌으리라
시는 다시 읽히고
백석은 스물다섯의 나이에
산자락 어디에서 굳고 정한 갈매나무를
가슴에 키우는데

난, 불혹의 나이에
부칠 곳 없는 편지를 쓴다
들창을 여니
이름 모를 잡목들이 이 긴 겨울밤을
버티고 있는 것이다
눈발 속에 별 하나 가물가물 보이는 그런 밤이면
외진 민가 어디쯤 산 노루가 눈 속을 헤집고
먹이를 찾아 이 마을을 서성일 것이다
백석의 시는 어느덧
여우난곬족으로 넘어갈 때쯤
아랫목은 점점 식어가고
참 깊은 잠에 들었다.

예순한 살

1
한 세상을 살아왔지만
참 많은 빚만 지고 말았네
산다는 것이
죄 없는 유순한 생명을 다치게 했고
자리를 차지하기 위해
누군가는 밀려났을 것이며
사랑한다며
누군가는 눈물을 흘리지는 않았는지

2
이웃집 새댁이 아기를 낳았다
육십갑자가 돌아와 태어나다니
뽀얀 입술로 첫 젖을 빤다
너도 나처럼
언젠가는 사랑을 알겠지
한 때는 외로움에 슬퍼도 하겠지
그리움, 꽃, 절망, 고독….
이런 모든 인생의 열매를 거두며
늙어가겠지

3
하여
다시 사는 생(生)은
바다로 흐르는 강물처럼
나무를 흔드는 바람처럼
실려 살아갔으면

오늘, 정갈한 미역국
한술 뜨다.

완행열차

강릉행 완행열차란 늘 지루해서
등 푸른 바다를 만나기란 이리도 지난하다.
쉬엄쉬엄 가는 열차처럼
삶은 때로 성에 낀 차창 너머로
속절없이 내리는 눈발을 만나야 하는 것을
해발 팔백 미터 추전역을 오르기 위해
헉헉 가쁜 숨을 토해내는 기적 소리
산마을 어둠을 더듬으며
눈보라 날리는 협곡을 따라
고뇌의 골짜기를 지나야 한다.
눈사태라도 내릴 듯한
산기슭 녘 루핑지붕 줄 이은 마을의 가난한 불빛
어둠 속에 깊숙이 묻혀 가물거리는데
등뼈 굽은 가장은 오늘도
바닥난 막장의 어둠을 찍어내고 있다.
설이 다가오는 무렵
노모는 혹시나 돌아올 막내아들을 기다리는데
몇몇 외지 사람 쓸쓸히 내려
수은등 불빛 너머 눈 속으로 사라진다.
산역의 술렁임도 이내 사라지고
보랏빛 신호등은 오랜 기다림처럼 빛나며
열차를 떠나보낼 것이다.

흐릿흐릿 차창의 먼 불빛들 추억 속에
잠길 듯 가물거리며
우리는 눈물의 골짜기를 쓸쓸히 지나야 한다.
저편 넘실
거리는 푸른 바다를 만나기 위해서는.

3500원 해장국

그해 겨울을 나고
봄이 올 무렵
오백 원 인상을 붉은 글씨로
유리문에 붙인
골목길 막다른 해장국집
아직 꽃샘추위를
더운 국물로 데울 수 있는
저녁이 편안하다
연신 오백 원을 거슬러 주며
죄송하다는 주인의 인사를
뒤로하며
해장국집 문밖
눈발은 따뜻하다.

능소화

담장을 타고 넘는 저 뜨거운 욕정
기어코 너를 기억하리라
이글거리는 햇살 온몸으로 받아
무심하게 지나치지 않도록
짙은 화장기 어린 주홍빛 뺨으로
미소를 머금나니

네가 나에게 다가와
향기를 맡을 때까지
나의 운명은 너를 향해 가고 있다
단단히 줄기를 묶어 끊임없이
너의 사랑을 확인하는

사랑 없이 사는 생은 허무하느니

아무도 오지 않는 여름

마부

지친 저녁 귀가에는
어느새 어둠이 따라와 걸었다
눈 덮인 길을 미끄러지며
고삐에 매달려
끌려가던 희뿌연 달빛
주인의 기침 소리를
조랑말의 눈동자는 바람에 놓치지
않으려고
그저 애쓸 뿐인데
자꾸 바람은 살내음을 비집고 들어와
뼛속 깊이 묻히려 한다
신작로 미루나무 사이로
밤안개를 가르며 날던
기러기들의 원무(圓舞)
너희들의 가냘픈 곡선만큼
휘어진 나의 척추는
조랑말의 등 위에서 휘어져 날고 있다
이제 홰나무재를 넘으면
토담집 불빛이 막내놈 웃음처럼
새어 나올 때
숨죽였던 방울 소리 다시 들리고
주머니 속 동전 몇 닢은 은화로 살아나고

햇빛을 많이 받은 사람에게
가난은 죄가 아니라고
햇빛이 있는 가난이라고
바람은 살에서 빠져나와 바람으로
달리고 있었다.

오래된 인생

오랫동안 공원의 낡은 벤치에서 등 뒤로 보실 거리는 햇살을 받으며, 옆자리 거지에게도 선한 웃음을 짓는 그는, 서산 번지는 노을에 한눈팔다, 시장통 주점에서 막걸리에 불콰해진 얼굴로 파출소를 지날 때에 오줌이 질금질금 마려워지는 그는

버스를 타도 잔돈을 빨리 셀 줄 모르며 졸다 지나친 정류장에 내려 넉넉히 걸어오며 몇 소절 노랫가락에 흥이 취해 걷는다. 세상 더딘 걸음으로 오는 퇴근길, 낡은 만년필 쓰는 만년 대리로서 족하며, 승진이 빠른 후배 앞에서 굽신거리는 그는

동네 슈퍼에서 새끼들 줄 과자 고르기에 잠시 고민하다, 주공 4층 계단을 오른다. 가끔 도둑놈이 들끓는 세상에 문 잠그는 것 족히 잊어버리는 그는.

겨울 숲에 서서

눈 내린 겨울 숲에 이르고서야
사람이 얼마나 어리석고
하찮은 존재인지 알게 되었네
나무는 평생 한 발짝도 움직이지 않고서
숲을 이루고
사랑을 얻었네
눈 내린 배경으로 아름다운 숲을 이루었네

아. 나는 떠돌다 덧나고 채인 상처 안고
이 겨울 숲가를 서성이네

나무들은 엄동설한의
면벽수도(面壁修道) 만으로도
봄이면 생명을 길러내고
새들을 하늘로 날게 하네
새잎이 솟는 힘만으로도
세상에게 자비를 베푸네

겨울 숲에 이르러서야
남루한 누더기로
나무 옆에 서 있네
이제야 평안함을 얻었네

낡은 기억이 추억의 문을 두드리는 저녁

산다는 것이 결국 혼자였음을 깨달은
황혼 무렵의 저녁
해가 진다는 것이 서러운 저녁이다
서녘 하늘 붉게 물들어가는 것은
떠나는 자를 위해 남기는 아름다운 결별
노을에 젖은 슬픔이 건너
따라온 그림자를 보낼 때
보내고 남는 것은 무엇일까
곧 밤은 쉬이 오고
고독은 오래 남아 쓸쓸히 밤을 견디네

마지막 잎새마저 떨어지는 가을 깊숙이
수많은 생각들이 부스스 지는데
어둠 속으로 숨는 상처들만 잠시 고요한 저녁
낡은 기억의 허물들이 벗겨지는 저녁
남겨진 것들은 남루한 추억으로 남는 저녁
참나무 장작을 난로에 습관처럼 밀어 넣는다
마른버짐처럼 번진 마룻바닥에
온기를 고독처럼 끌어 안는 저녁이다
남녘 하늘의 별들은 추억의 이름으로 빛나거늘
서랍에는 여전히 옛사랑이 남아
사무친 그리움의 편지를 쓰네

달은 창가에 내려와
은은히
어깨에 내려앉아 사랑을 듣는 저녁

공룡 능선 소나무

설악산을 공룡 능선을 타는 건 이제 힘이 부치다
마등령을 넘어 공룡 능선을 따라
대청봉에 이르는 등반 길은
어지간한 산악인이 아니고서야
가당키나 한 일이던가
그래 얼마나 큰 공룡이
산 능선을 따라 널브러져 죽었기에
헉헉 몇 시간을 가도 공룡 머리가 보이지 않다니
가쁜 숨을 돌리다 거기서 보았네
깎아지른 절벽 바위틈으로
강파른 소나무 한 그루 서 있네
지난한 세월 애잔한 비틀림에도
하늘 향해 꼿꼿이 기품을 잃지 않았구나
도저히 붙어살 수 없는 저곳에서
수많은 세월 비바람을 이겨낸 모습이
이미 도를 닦아 해탈에 이르렀는지
솔향조차 없구나
지나가던 어떤 이가
어찌 그리 절박한 삶을 사느냐고 물으면
한목숨 부지하기 위해
부지런히 살아왔다고
거기, 순명하는 백척간두의 생을 보았다

제 2 부

슬픔의 부재

고향집

식솔들이 떠나간 자리
메마른 풀꽃 서걱이는 들판에
눈이 내린다
강물은 둑을 실없이 적시며
흐르는 세월일지라도

어릴 적 반짝이던 별들은 여전히 숨어있고
사금파리 주우며 멱감던 시냇가도
오랜 그리움 대숲에 일렁이는데

먼 산 소쩍새 눈 속에 울다 깊어가는 밤
앞산 눈이 지워가는 고샅길 먼발치로
오시는 이 없는 그 깊은 밤에
작은 소리에도 습관처럼 들창을 여는데
해묵은 해수 기침 소리 잦아들고
처마에 매달린 곶감 바람에 흔들리네
눈 그친 사이로 달은 언뜻
서산에 걸린 고향

간암

늦가을 오후
간암에 걸린 친구를 문병 갔었네
애써 태연한 척하는 친구에게
의사도 아닌 내가
무슨 위로의 말로 도움이 되겠는가
어린 시절 장난치던 이야기로
잠시 잊을 수는 있었지만
웃는 자네의 얼굴 속에
간간이
깊이 드리운 그늘을
어찌 내가 위무할 수 있겠는가
병원 뜨락에 이미 늦은 낙엽이 지고 있었네

온갖 좋다는 처방을 다 받았다는
소식은 들었네
마지막 통화였지
백약이 무효야 하며
그냥 받아들이겠네 하며 나에게
술 좀 작작 먹으라고, 담배도 줄이고
그래야지

그것이 마지막 일 줄이야

얼마 후
부음을 들었네
친구들 몇이
자네를 묻고 오는 날
산기슭에 무성히 자란 잡초를 보며
더러는 순명하지 못하는 풀들도 있다는 걸 알았네

삶이란 그런 게 아니겠는가
자연이라는 말
스스로 이루어지고 그렇게 흘러가듯이
인간이란 조그만 존재가 무얼
거스를 수 있다는 말인가

안 그런가

노망(老妄)

늙어 병들고 지쳐서
간신이 볕 드는 쪽으로 몸을 누이네
가끔, 집조차 못 찾고
식구들도 못 알아본다고
나를 구박하지 말게나

나조차 잃어버린다는 것은
살다가, 살다가
덕지덕지 붙어버린 욕망을 버리는 것을

불쌍하게 여기지 말게나

자네들은 노망났다고 말하지만
죽기 전에 빈 몸으로 가기 위한
저 가벼운 깃털처럼 나부끼는
한가한 일이거늘

살다가, 살다가
별일도 다 본다고 말들 하지만

욕하지 말게나

따가운 햇살 속에 녹아드는
가벼운 삶의 무게를
당신이 안다면

명자나무

묵호의 한때를 기억하리라
선창가를 휘돌아가는 비릿한 바람과
굵은 저음의 뱃고동 소리가
안개 속으로 자욱이 가라앉는데
깊은 이별을 바라다보아야 한다
거친 바다에서 돌아온 어부들의
독한 술 냄새를 맡으며
해무 짙게 내리는 산비탈 길을 올랐다
멀리 밤바다는 고독한 나를 호명하였다.
살아있는 것만으로도
푸른 바다 등비늘처럼 빛나던
청춘은 그렇게 그렇게
마른 가자미 해풍에 말라 가듯이
야위어 가던 한때
소설을 쓰던 친구는 폐병에 걸려
산속으로 들어가고
밤새 끄적거리다 봉당에 나와
쪼그려 앉아 담배를 피워 물면
새벽 바다는 끝없이 파도를 말아 올렸다
외로움과 그리움이 너울대던 한때

명자나무 꽃이 필 때면
이 마을 처자 누군가는 서울로 떠나고
중풍을 앓던 할머니 봉양으로
마을에 남은 한 처자를 사랑했었다
고독도 사치인 한 때를 견디게 했다.

까치집

앙상한 플라타너스 꼭대기에
겨울 내내 안양천에서 나무를 물어와서
집을 짓는다
처음 지어보는 집치고는
제법 숙련된 건축업자처럼 단단하게
지어진 모양새가 그럴듯해 보이는데
북풍이 제법 부는 날은
한 쌍이 부지런히 나무를 물어와 덧 대인다
가끔은 청과시장에 떨어진 낟알을 주워 먹고는
수놈을 따라 높이 창공을 솟구친다
가끔은 파르르 떠는 끝 가지에서
고달픈 생을 숨 고르며
지는 노을을 배경으로 잠긴다
허기사
제집 하나 지어보지도 못하는
사람보다 낫다

봄이 오면 우듬지에 알을 낳겠지
햇살 따뜻한 오후에 말이야

바람이 부는 날

가끔, 아름다운 말들을 떠 올릴 때
바람은 추억의 다른 이름이다.
닿을 수 없는 사랑
숱하게 마음속으로 부르던 이름도
건널 수 없는 것들과
다가오지 않는 것들이 추억에 접혀도
온몸을 스치는 바람처럼
사람들은 바람 분다고들 하지만
저 멀리서 애달픈 그리움으로
누군가에게 닿고 싶은 것이다.
저마다의 얼굴에 부드럽게
몸 부비고 싶은 것이다.
문득, 창가에 기대었던 날
바람에 분분히 날리는 낙엽을 보다가
옛사람을 생각하는 이 있으면
비까지 데려와
촉촉이 적시게 하는 것이다.
바람은 때로
꽃향기를 얹어 오기도 하고
남실거리는 숲의 소리를 데리고
남루한 도시의 어지러운 골목길을 휘돌아
빠알간 양철지붕 밑에 머물다
밤을 새운 청춘들에게
해일 같은 그리움을 만들어 내는 것이다.

발바닥

무거운 육신을 이끌고
괴롭고 힘들던 삶의 무게를
힘들게 견디어 왔구나
갈라지고 터진 발 금에는
예까지 살아온 추억의 길들이 살아나고
고단한 발걸음이 응고된
너의 뒤꿈치 각질은
양발을 벗을 때마다
세월의 비늘이 되어 떨어진다
비로소, 주인이 잠들고서야
오늘 걸었던 추억을
꼼꼼히 비망록에 담고는
웅크리어 주인과 함께 잠든다.

봄비 그치고 흐르는 물이고서야

밤새 눈에서 비로 바뀌고
땅 깊숙이 봄비를 뿌린 날
아침 먼 산 계곡 콸콸콸
봇물 터진 듯 물 흘러내리는
때는 봄이었것다
봇 도랑물 떠드는 수다에
귀 기울이면
겨우내 내린 눈 때문에
가지 잘린 잣나무 이야기며
쇠기러기 북쪽으로 날아간 것이며
새끼 다람쥐 신열 앓은
산속의 겨우내 살림살이를
졸졸졸 풀어내며
흐르는 물들이
이제, 막 긴 여행을 떠나고 있다
들뜬 소풍 길
마치 알 수 없는 인생처럼
흐르는 물이 스미어들어
저 들판을 적시면
갓 치밀어 오르는 생들이
봄 안개 속을 풀어헤치고 있다.

북역에서

녹색 함석지붕이 낡은 역사 위로
눈발은 언제부터 날리고 있을까
기다리는 사람은 오지 않는다
북역 광장의 쌓이는 눈의 두께만큼
그리움도 깊어지는 것을
사람들은 말없이 내리는 눈처럼 안다
굵은 저음의 군용차가 시동을 거는 소리 사이로
무료하게 깡통을 차서 구르는 소리
희미한 가등 아래 연인은 이제
기약 없는 이별을 해야 한다
비죽이 흔들리는 홍등 아래
새어 나오는 색소폰 소리도 저만치 슬프다

마지막 새떼가 남쪽으로 날아가는 시간
보랏빛 신호등이 켜지며
막차가 들어오고 있다.
서넛이 차에서 내려 눈을 밟으며
종종걸음으로 사라지고
역사의 연탄난로도 식어갈 즈음
노숙자가 신문지를 끌어 덮는 사이로
차단기가 내려진다

이 읍에는 이미 두꺼운 솜이불 속으로
발을 밀어 넣는다

참 혹독한 겨울로 이어지는 저 끊임없는 눈발들

부도에 내리는 눈

단순하게 눈이 내린다.
같은 배경으로 눈이 내린다.
성불은 없다.
성불은 없다.
대웅전 문턱이 닳도록 오르던
신도들 다들 내려갈 때까지
지루하도록 내리는 눈 위로
세상은 고요히 덮어가고
심드렁한 와불 눈만 끔벅이는데
눈발 깊어 암자 가는 길 끊기고
멀리 죽비 내리치는 소리

슬픔의 부재

그리운 몇몇들을 떠나보냈는지
세월의 귀퉁이마저 닳아갈 때
마른 눈물마저 지워지는 슬픔이
슬픔의 무게를 얹고
잊혀져 간다는 것
가끔은 비 오는 날 카페
이 층 유리창에 떠오르던
그대는 어디에 가고 없는지
떼 벗겨진 할머이 무덤가에
모람모람 제비꽃만 피어나고
먼발치 안개 속에 가린 나무 하나둘
사라지듯이
문득 혼자가 되어버린 날
걸어온 길은 쓸쓸했다
안개 속으로 사라져 더는 갈 수 없는
황망한 날
커피는 식어간다.

식구(食口)

일이 늦어진 아버지가 오기까지
저녁 된장찌개를 다시 뎁히고
가장의 땀내음이 구수한 저녁이다
옹기종기 둥근 밥상에 앉아
저마다의 숟가락을 찌개에 넣어
시장기를 달래는 맛있는 저녁이다
허물없이 먹다 남긴 밥을 다른 식구가 먹고
막내놈 입가에 묻은 밥풀에도 까르르 웃는
된장찌개 바닥 긁는 소리가 나는 저녁이다
하루의 노곤함이 풀려오고
별들도 궁금한지 창가에 내려온 저녁이다

안개 속의 풍경

때로 삶을 지우는 것은 칠흑 같은 어둠이 아니라 육중한 시멘트 덩이의 도시를 지우며 저 먼 세상 끝부터 발묵(潑墨)처럼 번지는 풍광의 안개 속으로 사람들은 젖는다.

몰입된 안개 속으로 쓸쓸히 쓸려가는 지리멸렬한 삶, 또는 은밀한 욕망도 이곳에 존재하지 않아, 추억도 일종의 사치인 것을 사람들은 안개를 밟고 걸어가는 소리에도 서로를 위무 받으며 적의를 품지 않는다.

삶의 한 단면을 놓치지 않으려는 욕망의 경계를 넘어 세상 바깥에 다다르면 나는 잠시 행복에 젖는다. 너무나 비속적인 황홀을 넘어 피안의 언저리에 서성인다. 멀리 강가의 미루나무 언뜻언뜻 잠기는 세상.

저 동백처럼 붉게

외로움을 바람을 혹한을 아니 세월을
그리움으로 견디어
눈 내리는 숲에서
그 붉은 입술을 부끄러이 내밀어
그대 밟고 오는 길목을 밝히리라
기다림의 끝자락에 기대어
그리움 아득해질 때까지
나뭇가지에 앉은 동박새
섬 안개 속으로 사라질 때까지
불그레 물든 그믐
새벽녘에
뚝뚝 떨어지더이다
눈조차 감지 못해
선연한 그리움
발목을 잡더이다

저녁에 대한 질문

노을이 불타듯이 서녘 하늘로 타오르는 것은
아직도 사랑이 남은 까닭이다
어릴 적 허공에 매단 까닭 모를
그리움이 번지는 것이다
그런 날은 바람 부는 대로 걸어가 보는 일이다
때로는 알 수 없는 인생이 먹먹하더라도
끝없이 난 길을 따라 걸어가며 별을 만나는 일이다.
가장 먼저 뜬 별에게
사랑이 어디에 있느냐고 물어보는 일이다
등이 더 굽어진 노새 등을 어루만지며
채마밭을 지나 닭 우리를 둘러보고
노릇노릇 익어가는 저녁 식탁에 앉아
고단했던 하루의 안부를 묻는 일이다.
흐린 전등 아래에서 거친 손등을 토닥이는 저녁
별이 들창에 가득하다
저 많은 별들에게 무엇을 물어볼까 인생은.

청춘

누구나 이 한때를 보내리라
그래, 서툰 사랑에 상처를 받아
맑은 영혼에 소주를 들이부으며
바람 부는 양철지붕 아래 온밤을 지새우는 것도
너 아니면 누가 인생의 치기를 허락하겠는가
기약 없는 미래가 그대 앞을 막막하게 기다릴지라도
물정 없이 험한 세상에 부딪혀서
좌절을 겪는 것도 너 아니면 누가 용서하겠는가

막차를 놓치고 집으로 가는 길에 만난
밤하늘의 별들을 헤며 걷던 것도
저 멀리 반짝이는 마법의 성을 헤매는 꿈도
너는 넘치게 가졌느니
들판에 불어오는 저 바람 온몸으로 맞으며
불의에 맞서는 용기도
때로는 아린 사랑이 그대를 아프게 하더라도

피어올라라 세상 가득히
꽃봉오리 부풀어 오르듯이 가열차게
생의 가장 아름다운 무늬를 만드는
그대는 빛나는 별이어라

청춘의 의무는 즐기는 것
밤하늘 홀로 지새며 누군가가 너를
쳐다볼 때까지 아름다워라
청춘이여

할미꽃

외진 민가를 배경으로 대숲이 일렁이고
길섶에는 갓 자란 송장메뚜기 날아오른다
뒷산 양지 녘에
지난겨울 눈 속에 살아남아
떼는 벗겨져 붉은 슬픔이 드러난 묘지에
모람모람 제비꽃 피어있네
가난하게 태어나
평생을 농투사니로 살다
허리 구부러진 삶인 체로 관에 드셨을
아. 슬픈 할머이가 있다.

앞산에 우는 접동새 소리
바람결에 아득히 실려 간다
평생 흙을 옷자락에 묻혔던 당신
거친 손바닥 손금마저 지워진 삶이
툇마루에 앉아 손자 등을 쓰다듬던 당신
마음이 맑아야 하늘에 죄스럽지 않지
커서도 고운 맘 쓰라며 토닥이던 당신
막내아들 전쟁터에 잃어버린
슬픔을 온전히 안고 살아
생일이면 무명저고리에 은비녀 꽂으시고

부뚜막에 하얀 쌀밥과 국을 올리고 나서
묵정밭을 오르셨을 당신

거기 무덤가 할미꽃 피어 있네

피뢰침

읍내의 가장 높은
첨탑 위에서
사시나무 떨듯이 떨고 있다
사람들이 저지른 온갖 죄를
모아다 놓고
벼락을 온몸으로 맞다니

멀리서 뇌성벽력이 치는 날
도시는 아무 일도 없다는 듯
가증스럽게 편안히 잠든다

벼락 맞을 놈들.

제3부

그 읍의 황혼 속으로

외갓집

삼등행 완행열차를 타고
강경서 한 마장쯤
들어가야 하는 외갓집 보꾹 밑에는
괘종시계가 졸고 있고
넘너른히 햇고추, 들깨 말리던 마당에
중풍 앓으시던 외할머니 탕약 끓이던 냄새며
유교 가풍이 있던 엄애 속에서도 자유로웠다
둠벙에 숨은 버들붕어, 송사리를 잡기 위해
바늘을 꼬부려 온종일 쏘다니다
밤이 되면 멍석에 누워
순행하는 아름다운 별들이 들려주는 전설을 들으며
띄엄띄엄 동요를 익히던 아슴한 그 시절

장마 끝물
떨어지는 꽃잎
향기를 입힌다
추억의 외갓집 뜨락에

곤충 채집

뜨악한 여름을 헤집고 들을 쏘다니던, 유년의 기억 저편에는 포충망 속에 담긴 호기심만큼이나 자유로웠다. 방학이 끝나갈 무렵 포르말린 냄새 채 가시지 않은 매미, 잠자리, 방아깨비 등이 전리품인 양 행복했던 한때.

문방구에서 갓 사든 포충망을 들고 아이들과 함께 약수터를 지나, 부대가 보이는 산기슭에서 유영하는 고추잠자리며. 나무 그늘 밑 울어대는 참매미를 잡아서 돌아온 날 신기해하던 아이들은 불쌍하다면서 놓아주라는 변덕에

베란다에 나가 놓아 주었다.
여름 창공을 쏜살같이 나는 저놈들
어지간히 혼이 났나 보다.
나도 누가 나를 이 성냥갑 같은 삶에서 놓아주기만 한다면
과속으로 자연에 맞닿고 싶다.
끝 간데없는 저곳으로.

그 읍의 황혼 속으로

렌즈 속으로 어스름 황혼이 깔리고, 붉게 물든 피사체 점점이 낮아지고 있다. 파장이 되어 가는 시장 어귀, 남루한 거지 졸고 있는 옆에, 난쟁이 약장사 재주는 끊어지고 잦아드는 소리 속으로 내륙 지방의 느린 말씨 간간히 잠기고 있는데, 신가다 화려함으로 아낙들을 유혹하는 옷가지들의 마른 기다림도 지쳐 버렸는가. 읍내를 지나가는 경운기 소리 한가로이 황혼에 젖어 드는 저녁.

육소간에 걸린 쓸쓸한 고깃덩이들. 진열창 밖 멀리 팔리지 않은 황소 눈만 껌벅이는데, 낡은 함석 간판의 이발소에 장식된 밀레의 만종이 울려 퍼지면 읍 너머 들판의 거칠고 투박한 손들을 마을로 돌아가게 한다. 비루한 노새 등진 삶의 버거움으로 기우뚱거리는데, 마을 깊이 침범한 유순한 샛강은 노을을 거슬러 흘러간다. 방죽의 자전거 탄 소년이 사라질 때까지 장꾼의 술판 끝나지 않아 밀도살을 음모하는 사내 서넛 자리를 뜬 읍의 왼쪽으로 꺾어지면 산모롱이를 돌아 먼지 속에 막차가 오고 있다.

오지로 떠날 사람들과 염소 몇 마리, 보퉁이인 얼굴 밑의 골 깊은 주름의 어색한 이별들, 덮어오는 어둠을 멀리하며 읍을 빠져나간다.

겨울 숲

숲을 모르는 사람들은
오솔길을 따라
겨울 숲에 다가가려 하면
숲이 얼마나 단단한 적의를
품는지 모를 것이다.

숲은 오만하거나 도도한 자에게는
절대 제 모습을 드러내어 보여 주지 않아
가끔 그들은 길을 잃는 법이다.

청솔모의 선한 눈망울 속에
길 끊긴 겨울의 허기진 고독과
천적으로부터 살얼음 같은
생의 곡예를 모를 것이다.
애절한 뒤틀림의 소나무 껍질 속에
세차게 불던 바람을 이겨내고
솔잎혹파리의 신열을 견딘
옹이의 아픔을 모를 것이다.

숲은
밤새 가지에 쌓인 눈 무게에 못 이겨
설해목 부러지는 아픔을 서로 보듬으며

우듬지에 얹은 까치집의 안부를 묻거나
둥치에 덧난 상처를 걱정한다.
아침이면 햇살 골고루 들도록
자리를 내주고
산새가 물어온
세상의 이야기를 듣는다.
비로소, 귀를 열어 숲가에 다가간다.

동안거

모진 겨울이 왔다
사람들 떠난 마을에
눈은 하염없이 쏟아지고
허리를 끊어내는 삭풍으로
몸조차 운신하기 힘든
찬 구들장 아래에서
뼈저린 시간을
처절하게 보내야 한다
몇몇 남은 노인들의
쿨럭쿨럭 잦은 해수 기침 소리에
저 먼 솔숲 눈 무게를 못 이긴
눈들이 떨어지는 소리를 들으며
내 안에 떨어지는 침묵의 소리
무릎이 저리고 아프다
해묵은 고구마 몇 알을 삶는 저녁
마른 눈물 버짐처럼 밀돗자리에
서걱이는 한겨울
그때
마당 어디선가 지난 해 진 씨앗이
단단한 몸을 뒤척이는 소리를 들었다
은밀하게 내통하는
봄소식을

순교자

한 거지의 죽음을 찬양할 생각은 없었다.

다만 못 먹었으므로
사람들은 동정에 인색했고
그 나라는 아직 복지 국가가 아니므로

악성 빈혈에 시달리다
푸른 신호등이 켜 있을 동안
긴 횡단 보도를 건널 힘이 없었으므로
트럭에 깔려
그는 사거리에서 죽었다.

그 도시에는
온통 병원의 십자가
교회의 십자가들이
요란한 네온사인에 반짝이는데.

분교의 봄

유리창 속으로 산마을 풍경이
유화 액자처럼 박히는 교실에는
동요를 부르다가 쉼표 사이로
소쩍새 우는 소리가
꿈결로 들려오는
해발 칠백 오십
분교의 봄은 더디게 찾아온다
낮은음자리 밑에 숨은
아이들의 꿈이 복사꽃에 망울져 오고
느린 풍금 소리 날아간 곳에
너울너울 나비가 되어
노란 복수초에 앉는다
겨우내 볕 들지 않던
교실 구석 자리
소아마비를 앓던 아이의 책상에도
햇살 길게 늘이고
교실에 남았던 겨울이
아이들 음표에 실려
봄 하늘로 날아가는데
산비탈 이랑을 갈던 어미 소 음매 소리에

노래 부르던 아이 음매 하면
웃음판이 되던 음악 시간
애들아 다음 시간은
봄꽃 보러 가자꾸나

진눈깨비

첫 추위에 입술 파래진 을씨년스러운 날들이 혹독한 겨울을 예감하고 있었다. 낮부터 내리기 시작한 비가 진눈깨비로 바뀌어 가는 초저녁 산 중턱 가난한 동네에 불들이 켜지기 시작하고 난감한 삶만큼 귀갓길 미끄러운 언덕에는 헐떡이는 노동이 비틀거리는데, 절망절망 내리는 눈을 밟으며 희망의 덫에 걸리기까지 기다림은 얼마나 허망한 것인가.

그해 선거가 끝나고 화사한 봄이 오리라고 말들 하지만 중뿔나게 솟는 산 아래 아파트나 네온사인도 우리에게 너무나 먼 신기루인 것을 판자 구멍을 막을 겨를도 없이 겨울은 먼저 오고 숭숭 뚫린 문틈 사이로 매서운 바람이 들이치는 이불 속 쓴 기침 다독이며 언 가슴을 껴안는 고단한 사랑이여.

불도저 소리 산 아래를 깎는 저녁에 쌓인 눈 놀란 모습으로 어지러이 흩날리며 처마 끝으로 숨는데 다닥다닥 맞댄 좁은 처마 서로 끌어안으며 이웃집 노인의 해묵은 기침 소리에도 온 동네 걱정하는 저녁.

산 아래 너희들은 고단한 삶으로 흔들리는 백열전

구름 먼 산 별빛인 양 서정적으로 바라보지만 철거 앞둔 스산한 산동네 우리네들은 고향 땅 잃고 이곳에 흘러와 또 어디로 흐른단 말인가.

뒤숭숭한 잠자리 꿈속에 고향을 더듬는데 눈은 그치고, 그 해 쩡쩡 고드름 드리우는 매서운 추위가 올 것이라고 말들 하지만 희망보다 기억의 저편에 서 있는 산동네는 그저 바람을 끌어안을 뿐이다. 희뿌연 매연에 가려 볼 수 없는 별들이 산동네에만 반짝이고 있었다.

서해에는 추억이 산다

1.
서녘으로 향하는 장항선을 타고
금강 하구 어디메쯤 내려서 보아라
누군들 한세월을 떠메고
흘러온 삶들과 쓸쓸히 만나는
그래, 부질없음을 깨달을 때
아, 놀랍구나 주홍빛 물들어가는
황혼, 마주하지 안컷는가
밀물드는 포구에 서면
끝없이 떠나가고 싶다는 것을

일상의 틀에 박힌 나를
먼 바다로 나가는 어선 한 척에 실어
쓸쓸히 전송을 한다.

외로움까지 밀어 넣었더니 자꾸 통겨 나오더군, 끊어진 불안한 내 삶들의 부스러기가 갯벌에 스러진다. 단절된 추억들 켜켜이 들추어내어 빈소라 속에 넣거나 갈매기의 울음 속에 실어 보낸다. 숭숭 구멍이 뚫린 가슴 사이로 비릿한 바람이 지나간다.

멀리, 섬을 돌아가는 배
점점이 멀어지고
푸르게 침잠하는 내 영혼이여

폐허가 된 염전 소로를 따라
돌아가는 길
장난감 같은 간이 역사
지붕 위로 별들 초롱초롱 걸려
막차를 기다리고 있었다.

2.

막차의 분위기는 늘 그래서 주머니 속 남아있던 편린같은 추억들 차창에 어른거리고 외로움이 밀려오면 나를 닮은 누군가 불안하게 차창 밖에 실려 가고 있었다.

참호 속에서

막사 위에 눈보라가 그리움처럼
붉게 달은 내무반 페치카
유리창 위로 번진다
멀리 사격장 자동으로 난사하는
총성이 간간이 들려오는
지금 너에게 편지를 쓴다

추억은 아름다웠고
고단한 영혼은 쉬지 않노라고
졸린 눈을 비비며 편지를 쓰지만
이내 산병호 보초를 나갈
아직 미명의 새벽
군장을 챙기며 성에꽃 핀
유리창에 호호 불며 써 보나니
한 때 짝사랑했던 연인의 이름과
첫 휴가 남은 날짜를 꾹꾹 눌러 쓴다

다시 눈보라 속에 총성이 들리고
정지된 청춘의 언어들이
파열음처럼 쏟아져 내리고
군화 푹푹 파묻히는
눈 내린 연병장을 지나

눈 속에 파묻힌 참호로
피사체가 걸어간다
근무 중 이상무라고
하늘에 외치면서

대남 방송의 이북 사투리
윙윙 눈보라 속에 휩싸이는데
금속성의 차가운 엠식스틴
방아쇠에 굳어지는 손가락도 얼얼한데
눈보라 속 어둠을 뚫고
북으로 낮게 나는 새떼들
참호를 덮어오는 대책 없는 눈발 속에
속으로 부르던 옛노래 가사도
추억도
가물
가물
묻 · 혀 · 가 · 는 · 데

공립중학교 느티나무

느티나무는 학교 연혁처럼 가지를 넓힌다.
해마다 몸 바꾸며 그늘을 드리우는
나무 밑에는
체육 시간 지친 아이들이 쉬거나
강당 하나 없는 학교가 그렇듯
담장보다 웃자란 키나 몸무게에 비해
가두어 놓은 좁은 교실이 그러하듯
나무 둥치는 언제나 혈기 넘치는
아이들의 등쌀에 채이고 깎인 상처로 있을지라도
언제나 교문 앞에 서서
헐레벌떡 뛰어오는 지각생을 기다리고
아슴한 추억을 새기러 오는 졸업생을 기다린다.
백년지대계의 탄탄한 교육을 기다린다.
눈 내리는 졸업식 사진의 배경이 되어 주기도 하고
퇴임하는 선생님에게 아쉬운 전별을 하며
수많은 세월 선생과 학생들을 보내고 맞이하며
늙어가도
언제나 그 자리에 서서
잎을 매달고 넓은 그늘을 드리우는
너는 살아있는 참교육이구나.

사춘기

까까머리 시절
세상은 눈 뜸은 더디고 늦어졌다
골방 격자무늬 천장에
갇힌 음습한 나의 청춘은 시들했고
밤새, 갈래머리 소녀에게 편지를 쓰다
문득, 몽정에 소스라치던
아득한 낭떠러지
개비 담배나, 수면제도
나를 위무해 주지 못하느니
쓸쓸했었다.
여름밤 직녀별, 백조좌 전갈자리에
그 영혼의 푸른 불꽃에
고독한 전설을 새기며
외로움에 치를 떨었느니
영혼의 내출혈로 열병을 앓던
중중 까까머리 시절에.

동문리 솔숲에 가면

세월을 속이지 않는 것은 나무였다
생긴 대로 저마다 인고의 세월을
애절한 비틀림을 안으로 삭히며

이겨내어 중심을 잃지 않으며
비바람에 맞서 꽉 다문 입에서 쉰 소리로
마을을 지켜내고 있는 것이다.

한때는 도벌꾼의 쩡쩡 울리는 도끼날에
숨죽인 세월도
동란의 슬픈 총알이 박히고
마을 처자가 목을 맨 적도
있었다.
아이들 등쌀에 꺾어진 솔가지는
못생긴 대로 자라나 이렇게
햇살 듬뿍 받으며 당당하게
서 있는 것이다.

숲에 바람이 일렁이고
가지들은 그렇게 바람 앞에
제 몸을 낮추며 받아 주는 품새로
한 세상 살아가는 것이리라

새잎을 밀어내는 힘으로, 힘으로
저 불 켜진 집에는 산고의 고통을 참아내는 것이리라
넉넉해진 솔숲에는 가끔 지나던 철새 떼도
안식의 나래를 접었다 폈다 하는 것이리라
마을도 슬슬 잠들기 시작했다.

먼지 길과 깜부기

아이들과 모처럼 교외로 나선
가족 나들이
물병 찰랑찰랑 넘치도록 햇살 부서지는 오후
낙조 아름답게 지는 오이도까지 걷는 길
나와 아내는 익숙하게 아스팔트 위를 걷는데
아들놈은 먼지 타박이며 갓길로 장난치며 걸었다.
가끔 실랑이하며 아들을 끌어들이는 아내는
바짓가랑이 먼지 좀 봐라
딸애는 제방까지 내려가 한 움큼
깜부기를 꺾어 왔다.
나는 이 손바닥 좀 봐라 지저분하게
소풍길은 이어지고
바닷가에 버려진 폐선이 낭만적 배경이라고 말하는데
아이들은 배가 헤엄치지 못한다고 슬퍼했다.
스러지는 낙조를 배경으로 돌아오는 길
나는 아들놈과 함께 먼지 길을 걸었다.
투덜거리는 아내의 잔소리를 노래삼아
아비로서, 교육자로서
반성의 길을 걸었다.
딸애는 흥에 겨운지 들꽃 속에 묻혔다.
서산에 달 걸리도록 늦어진 귀갓길에서.

목련 피는 봄날에

마뜩잖은 아이를 앞장세워 굳이
가정방문을 다니는 봄날
독산동 산 비탈길 담장 밖으로
벚꽃은 이미 벙글고 목련은 망울을 틔우는
꾸불꾸불 골목길을 돌아
한참을 오른 후에야
연립지하 단칸방에서
몸도 제대로 운신 못 하는 할머니가
귀한 선상님 오셨다며
오래 썼을 플라스틱 컵에 따라준 오렌지 주스를 마시며
아버지는 지방 공사장에 간지 달포가 지났고
어머니는 이년 전 가출 중이라는
너를 만났다
굳이 숨기고 싶었던 너의 속내를
나는 소통이라는 명분으로
비집고 들어간 너의 청춘을 욕하지 마라
공부는 못해도 학교는 제대로 나오너라
이것도 지나가는 한 때의 아픔이리라
저 목련꽃 피기 위한 봄날의 진통이리라
꺼칠한 손으로 손자를 잘 가르쳐 달라시는
할머니의 배웅을
언젠가는

말목 장터 감나무

말라가는 구절초 꽃잎의 향기가
쓸쓸한 삶의 저쪽을 서성일 때
목덜미를 스치는 찬바람이 긴 겨울을 예감하듯이
움츠러진 어깨 위로 햇살은 꺾이고 있었다.
한때는 흥청거린 장터에
점포들 하나하나 사라지고
길 잘못 든 외지인들 가끔 찾는 식당과
종묘상, 구식 전축 앞에 놓인 전파상이
이 읍의 전부라고 말하기에는 쓸쓸한 읍내
거기, 오래된 감나무 하나 서 있었지
바람이 급히 꺾어 읍내 길로 들어서면
몇 해 수리 못 한 양철지붕이 간간이 흔들리고
무료한 햇살 바람에 쓸리는 오후.

읍을 떠난 욕망들 이제는 소식도 끊겨
우체국은 가끔 허리 굽은 노인들의
안부를 묻기도 한다.
유리창 덜컹거리는 사진관에는
빛바랜 추억들이 모여 산다.
분교가 된 아이들
서넛 하교하는 길 위로
갓 배운 동요 띄엄띄엄

부르며 지나고
노을이 붉게 깔리는 저녁 어스름에

어릴 적 감나무에 올라 구경하던
장터도
달콤한 감도
이제, 오래도록 비틀어져 쪼그라든 홍시 몇 개
매달린 나무 뒤로
달, 구름 따라와 배경을 이루리라
거기, 아주 오래된 추억처럼

호박꽃

새벽이슬 털어내며
한 뼘 훌쩍 자라
시골 아침상 된장국 호박 쌈에 넉넉히 내놓고
환한 치아 드러낸 웃음이 뜨락을 덮네
밭일 가고 할머니마저 마실 간
고향 집 땡볕 아래
토담을 줄줄이 타 넘으며
검게 그을린 얼굴에
젖가슴 반쯤 내민 아낙네처럼
질펀한 거름 옆에
흐드러지게 앉아있네
쩍쩍 타드는 가뭄에도
애호박 싱그러이
물기를 머금네
아무도 쳐다보지 않는 여름.

즐거운 산보

저물 무렵 잡동사니 같은 청계천 7가를 느릿느릿 걸으면 헌책방 앞 쌓아 놓은 책들 속의 언어가 불편한 몸으로 손님을 기다린다. 중고 전자 제품에서 골동품까지 비디오 고속으로 돌리듯, 빠른 세월이 팽팽하게 공존하는 황학동 시장을 걷는 날, 사물들의 고혹적인 기다림 속으로 황혼 불그레 물 들어가고.

소리가 죽어 먼지에 갇힌 유성기 앞에 귀를 세워 본다. 1935년쯤일까. 밖에 비는 추적추적 내리고, 제비 다방 마담 금홍이가 권태로운 표정으로(유성기 소리라도 없으면 좋았을) 이상을 기다린다. 봉두난발의 시가 삐걱삐걱 마루 계단을 오르는데, 만 스물여섯 살 폐병에 저당 잡혔을 유성기는 팔려 친일파 안방 애첩 다리 베개 삼아 엔카를 듣는 혼곤한 저녁, 쓰디쓴 세월이여.

그 옆 조선시대 놋쇠 요강 하나, 탐스러운 엉덩이를 닮았구나. 탐관오리 수탈에 지친 엽전들 슬픔도 퍼 가라는 듯이 널브러져 있고, 선반 위 귀 떨어진 토기(도굴꾼이 내다 팜 직한) 흙내가 아직도 아릿하네, 족보 책자 켜켜이 쌓인 엄격한 가풍이 먼지에 갇혀 있네. 화조도 그림에 익어 가는 그리운 향기여, 나의 즐거운 산보는.

청어 굽는 저녁

산동네에 별이 뜬다
하나
둘
별이 가깝다
청어는 노릇노릇 구워지고
아버지는 생일을 알기는 하시는지
아직 오시지 않고
도둑고양이 장독에 어슬렁거리는데

밥상이 식어갈 무렵
금 간 유리창 너머로
눈 덮인 길을 미끄러지며
비척비척 오르는
힘으로 막내는 자랄 것이다

식은 청어 한 점을
아버지에게 먼저 건네는
늦은 저녁
벌써 별 하나는 지다.

오랑캐꽃

두만강을 넘어서
눈 녹는 비탈길을 따라 오랑캐들이 지나갔다
호적 소리 길게 날리며

삼동을 나고
숨죽인 뒷산 마을에도
마른 칡덩굴같이 질긴 목숨 살아나
서리를 헤집고 봄꽃들이 피어난다

북녘의 봄은 더디게 온다
오누이 나물을 캐다
죽은 할매의 무덤가에 모람모람 피어난
하얀 꽃향기 퍼지고

앞산 두견이 소리 호젓이 들리는데

어린 왕자

이제 더는 갈 수 없는
천애 낭떠러지거나, 절해고도에서
너를 만났어
어느 작은 별이라고 했지
바오밥나무가 무성히 자라고 유순한 양이 자라는
그런 작은 별말이야

지구라는 별에서 경험한 이야기들을 들려주었어

산동네 어린 소년을 만났지
너는 슬프지 않아
산 아래 사는 어른들을 보렴
아무런 희망도 없이 쳇바퀴를 돌리는 그들은
늘 제자리를 헤매고 있어
욕망이라는 별을 따려고 눈에 아무것도 보이지 않아
너는 해 질 무렵 세상을 물들여 가는 아름다움에
넋을 잃고 있지 않니
그래서 산동네에는 이렇게 가까이서
아름다운 별들을 볼 수 있는 거야
너는 가끔 사랑하는 소녀 때문에 마음 아파하지마
이렇게 다투고 상처받는 것은
아직 서로에게 길들여지지 않아서이지

온몸으로 사랑한다면 말이야
어느 날 들꽃 한 아름 꺾어서 너에게 걸어올 거야
기다림으로 내내 행복하겠지

춥고 굶주림에 떠는 어른들아 슬퍼하지 마라
어릴 적 개울가에서 보았던 사금파리거나
소꿉장난하다 웃었던 웃음 한 자락
살포시 떠 올릴 수만 있다면
세상을 살아 볼 만한 것이니까

어느 날 문득 모든 것을 버리고 걸어보아라
실바람 살랑대는 언덕 등성이
반짝이는 별을 단 금빛 머리의
한 아이를 볼 것이다

아직도 불안하다

멀리서 사이렌이 울린다
어릴 적부터 가슴 깊숙이 쌓인 불안이
엄습한다.
온몸에 소름이 돋는다.

통금이 있던 시절
자정을 알리는 소리가 그러했고
자욱한 최루가스 속으로
사이렌 울리며 끌려가던 시절이 그러했다.

일순, 도시는 적막해진다
앞집 라디오 소리를 듣고서야
민방위 훈련임을 알았다.

글을 쓰다가 스스로 자기 검열을
받는다
아직, 내게 자유는 멀다
아직도 불안하다.

제4부

별

겨울 산

산자락 그림자를 끌어안고 외로움에 치를 떨며 누군가 오기를 기다렸다. 글을 읽으면 삶의 이치를 깨달으리라 믿었던 그때, 산을 쳐다보면 세상의 한끝도 보지 못한 것을 크엉크엉 울부짖던 짐승의 울음소리 속으로 떨어지던 번민의 세월들, 누군가 손만 내밀면 온 사랑 쏟아부었을 그리움은 첩첩산 메아리되어, 돌아오지 않고 독주만이 삶의 유일한 통로였다면 치기였을까, 절망의 끝도 보이지 않듯이 삶의 끝도 보이지 않던 적막강산. 내가 누구냐 소리쳐 불러 보면 제 무게에 못 이겨 떨어지던 눈사태가 쿵쿵 가슴으로 떨어지던 그 밤도 산은 미동도 없이 고요하기만 했다.

눈 내리는 산길을 내려오다
뒤돌아보면
이내 발자국 흔적도 없이
겨울 산은 완강하였다.

귀거래사

나를 귀양 보내다오
이놈들아 남도 푸른 바다
속살거리는 해남 땅끝 고을이라도 달게 받으리

눈 시린 아침 숲이 귀를 세울 때 하루갈이 채마밭에 아욱, 달래, 참밀 소담스레 가꾼 푸성귀 소반에 올리는 노동의 참맛을 깨닫게 해다오 웃자란 보리밭 두둑에 논종다리 지저거릴 때 문득, 속세 틈바구니에 살며 죄지었던 부끄러움을 풀쳐버리게 해다오

산벌 닝닝거리는 오후에는 달마산을 쉬엄쉬엄 오르리 산닥나무, 개암나무 잎새로 언뜻언뜻 경계 지워지는 이승 끝자락 아득한데 미황사 풍경 소리 그윽이 일렁이는 산문에 기대어 큰 말씀 귀동냥도 보시인데 세작에 산약수 끓인 차 향기 은은히 넘쳐나느니

산을 내려오다 잡동무 하나 사귀어 너부죽한 너럭바위에 앉아 내기 보리 바둑 두다가 섬누룩에 삭힌 밀주 함뿍 취커니 말거니 새머루 덩굴에 얼크렁덜크렁 걸리게 해다오 해껏 노닐다 그런 양으로 함씬 살겠거니

어허, 지등 같은 달이 동두렷이 뜨는 밤이면
유마경을 읽다가
늙으신 어머님께 불효자의 글월을 올리나니
청산의 즐거움을 얻어 유배지의 깊어 가는 밤
청대 숲을 스치는 바람 소리에 실려 사느니
죄스럼없는 삶의 그런 양으로 살겠거니.

내소사 가는 길

밤새 눈 내려 길들 끊기고, 툭툭 추억마저 지워지는 새벽녘 여독에 지친 나그네 문득 집이 그리워 잠 못 이루는데 퇴락한 여인숙 뜨락에 내리는 저 무심한 눈발들, 집착을 버리라고 일깨우듯이 일체의 설법처럼 내리는데

나의 여정은 얼마나 먼 길을 가야 깨달음을 얻을 것인가, 새벽 예불 소리에 이끌려 무거운 발걸음 옮기네 산중에 절 하나 있어 절로절로 깊어가는 아득한 그리움에 눈길을 밟으면 절로 이어진 길가 전나무 숲속 기나긴 겨울을 온몸으로 버텨내며 다만 침묵을 익힐 뿐이다.

가끔 심심파적으로 새들을 날려 보내지만 다시 돌아오게 하는 힘을 가진 숲속을 지나면, 그제서야 일주문에 한달음 올라온 길을 돌아보면 발자국 이내 사라져 자성청정을 말없이 보여주는가, 허망한 마음을 버릴 수 없어 무식한 절 구경꾼으로 불이문 앞에 서면 난해한 불립문자처럼 날리는 분분한 눈발,

법당 문지방은 곰소만에서 길어 올린 비릿한 바닷내가 산바람에 실려 오고 먼바다에 나간 남정네가 무사하기를 서원하는 발원으로 생을 버텨내는가

요사채에도 법당에도 산사람들 찾을 수 없고, 탑만 덩그라니 솟아 한가한 절문을 나서면 부도 위에 과거의 눈이 내리고, 생로병사의 고통을 덮어 내리는 저 무심한 눈발들

구름 속 나반존자를 찾아서

잔별이 가시지 않은 새벽녘 운문사를 오른다 길가 안개 그윽이 깔리고, 구름 속으로 절집이 있다던가, 소롯길을 걷다 어느새 솔숲에 다다르면 티끌의 풍상을 견디듯 줄기줄기 애절한 뒤틀림이 서로를 끌어안아, 솔 깊은 향기 은은한데 살아 숨 쉬는 것 이리도 기쁘던가.

기와 돌담을 유유자적 오르면 아래 이목소에 흰 발을 적시는 비구니의 발심을 들을 것 같아 귀 대어 보면 청아한 영혼 사바세계로 적셔 가는가.

해탈문을 들어서면 눈발처럼 떨어지는 낙엽들 어지러이 흩날려 가을은 이리도 깊은데 가을 속에는 죽음도 저리 가벼운 것인가, 상념에 젖어 들 즈음 장엄히 울리는 새벽 예불 소리에 삼라만상이 숨죽여 듣는 법음이 마음속에 울려 퍼지네, 생멸, 불생불멸이 여기 있되 불이문의 깊은 뜻을 어찌 알겠는가, 못 속의 갓 핀 수련 꽃만이 미명의 새벽을 깨우는데.

사백구십구의 나한을 뒤로하고 사리암을 오른다. 원경으로 점점이 떠오르는 산봉우리들, 그 너머 햇살 부시게 비쳐오면 아 처절한 아름다운 단풍 숲, 여기가 비로자나불이 아니던가 세상의 깊고 그윽한 구름 속 나반존자를 찾아서.

돌산

내 어릴 적 고향에는 돌산이 하나 있었네 키 작은 내가 오르기에는 엄청났던 것처럼 어른들은 으레 숯막굴에 살았던 산보살 이야기거나 동굴에 산다는 이무기의 전설을 듣고 자라던 때 막막한 외로움이 밀려와 산을 쳐다보면 비밀스런 미소를 지으며 나를 다독거렸네

뒷담 오동나무 해마다 몸 바꾸며 커 갈 즈음 돌산에 오르기 시작했네 외진 산길을 따라가다 앙증맞은 고깔제비꽃 머리에 꽂으며 모롱이 해바른 곳 모람모람 할미꽃 핀 무덤가에 앉아 올망졸망 지붕들이 맞댄 마을들이 성냥갑처럼 작아진 풍경이며 나무나 바위에 이름을 지어주다 섬뜩, 해가 저뭇하여 집에 돌아와 산골짝 부엉새 울음소리 들으며 잠이 들었네

돌산을 뒤로하고 세상 멀리 나갔네 황량한 바람 부는 도시에 몸 섞여 살아가며 산꽃, 별, 나무 같은 동심 다 잃어버려 삶에 채이고 곪아 터진 상처 안고 고향에 온 날 돌산은 말없이 반겨주었네 내 삶의 잔잔한 앙금이었다는 것을 어렴풋이 알 수 있었네 앞으로 어떤 어려움이 닥쳐도 돌산 하나 우뚝 솟아 있듯이

묵죽도

산안개 발묵(潑墨)처럼 번지는 청량한 새벽
고샅길을 따라
거기 대숲이 있었네
세속에 가깝되 티끌과 먼 거기
이슬 뚝뚝 소매를 적시며
대숲을 지나 산을 오르던 여승
흔적 간데없고
대나무 속 푸른 소리에
외물 욕심 없음을 알 것 같으니
밤눈 소복이 창밖에 내리는 날
가슴 가득 솟아오르는 순간을
어쩌지 못해 눈에 담았네
한 붓에 떨리듯 치달은 절개
뭇사람들 곧음을 시기하여
그림을 폄하하면
껄껄껄 웃으며 술 한 동이 다 비우네
그림에 꽃을 그리지 않는 인색함이
화가의 핍진한 세월을 알 것 같으이
화폭 서걱이는 대숲 스치는 소리
거기 눈 내린 대숲이 있었네.

외딴집

눈이 내린다. 폭설로 덮어가는 저녁
눈에 갇힌 숲조차 고요하여
날짐승들도 길 잃은 저녁
먼발치 외진 민가 등불도 가물가물
크리스마스 카드처럼 눈이 내린다.
하여, 무릎까지 묻히는 눈길을 훠이훠이
동화 속으로 걸어간다.

눈발이 들이치는 부엌에는
싸늘히 식어가는 감자 두어 알
대접에 말라비틀어져 가는 옥수수 몇 개.
해수(咳嗽) 앓이 할머니 잔기침 잦아들고
어린 손녀딸 다리에 덧난 상처
겨울밤처럼 깊어가는 데
공사장 간 아버지
달포나 소식 끊겨, 하마 바람 소리에도
들창문을 쳐다보는 데
멀리. 청솔가지 툭툭 부러지는 소리에
비루한 개가 컹컹 짖는 밤

숲가에 처연히 눈이 내린다
등불도 가물가물
이슥해질 때까지.

그늘 바람꽃

양지바른 곳
볕 내리쬐어 시샘하듯
꽃들 다투어 피어나는데
내리받이 기슭 녘
산 그늘 눈을 헤집고
설핏한 햇살에 싹을 틔우는 양이
애옥한 살림 꾸리시며
새벽 정안수에
온몸으로 절하는 어머님
저편 쓸쓸한 봄날

연화봉에 대한 기억

저 험한 고봉준령을 지나, 만산 운해 끄트머리에 흐릿한 안개와 이내에 싸인 전설 같은 연화봉이 있어, 남녀노소 저마다 오르기를 염원한다네. 그대들이 뻘뻘 땀 흘리며 마침내, 정상에 올라 삶의 성취인 양 야호를 부르지만 산은 아무것도 가진 것 없어, 저 홀로 그윽하네

구름에 감싸인 봉우리는 높디높아, 나무를 품고 온갖 짐승을 자유로이 기르며, 넉넉한 물을 흐르게 하여 마음도 한가로운데 객봉(客峯)들은 제 모습 다 드러내 높다고 하지만, 주봉은 안개와 오묘한 기운에 가려 높음을 보이지 않네.

사람들은 욕심껏 정상에 오르려만 기껏 운해나 정상의 바위 몇 점을 기억하며 자랑하곤 한다네. 정상에 이르기까지 걸음걸음마다 산의 모습을 바꾸며 수백 수천의 모습을 지닌 산길을 걷다 보면, 바위 틈새 소담한 산꽃의 미소며 하루에도 몇 번씩 그윽한 산빛을 보여주는 오묘한 삶의 진리를 아는가.

절이 있다고 하나 구름에 가려 보이지 않고, 예불 소리만 은은한데 골 깊은 산세를 타고 오르며 저절로 욕심을 털어 내는 것을 무욕도 욕되지 않기를 빌며 오를 즈음.

이내 자우룩이 깔린 산중에
정상은 홀로 높아 다다를 수 없네
정상은 이미 마음속에 깃들인 것을
안 오르면 어떠하리
못 물에 몸 담그면
전설 속의 선녀가 비추이는 깊은 산 속.

은피라미 떼

방학도 슬슬 끝나갈 때 달게 익은 포도에 취해 늦여름 열기만큼 달아오른 얼굴로 성급한 무자맥질을 하며 사구에 깔린 사금파리, 껍저기를 고무신에 담으며 뒷전에 둔 숙제를 잊기 위해 더 세게 물장구를 치며 햇살에 반짝이던 피라미 떼를 쫓았다.

이제 읍에서 시로 바뀌는 동안 유년의 갈피갈피 향기 얹힌 포도밭 대신 공장 지대가 들어서 매캐한 하늘로 뒤덮여 가고 동창들은 더러 공장의 노동자가 되거나 대처로 흩어져 엽서 한 장 오지 않던 시절 창백한 얼굴의 청춘은 시들시들 말라 갔다.

추억 서린 집들이 헐리고 공룡 같은 철근이 드리워진 아파트에 낯설은 사람들 속에서 나는 이방인이 되어 서성이는데 맑았던 내는 허연 게거품 뿜는 폐수가 되어 각질화된 시간만큼 방죽에는 비닐봉지, 깡통 켜켜이 쌓여 갔다.

악취가 풍기는 내 위로 다리가 놓이고 그 밑에 아직 개비름풀 서걱이는 귀퉁이에 내 시가 살아 있다는 것은 놀라운 일이다 척박한 땅에 삶은 얼마나 질긴 끄나풀인가.

수은등 불빛이 스타카토로 점멸되는 물 위에서 무수한 은피라미 떼를 보았다 보석 같은 추억이 성급하게 무자맥질하며 흐르고 있다.

환멸, 사라지는 것은 아름다울까 박봉에 꼬깃꼬깃 청약부금 넣으며 머지않아 아파트에 보금자리를 틀 것이고 내 아이들은 익숙한 밤 풍경에 유년의 추억을 키우리라 점멸되는 불빛 아래서.

유정 여인숙

나그네가 막차를 타고 낯선 도시에 내리면
칙칙한 밤공기 속으로 정배열한 우중충한
회색 건물들의 싸늘한 눈초리와
이물질을 뱉어내듯 휑하니 불고 가는
바람을 만나야 한다.
눈발 날리는 역전
밤새 뼈다귀 국물 무쇠솥에 졸아드는
기다림을 만나야 한다.
술꾼들의 어쭙잖은 통성명을 받아야 하고
짙은 화장기 후욱 끼치는 여인들의
숙련된 웃음을 기억해야 한다.
스멀거리는 네온사인 속으로
여인숙 2층 삐걱거리는
목조 계단을 오르면 두 평 남짓한
202호에 존재의 쓸쓸함을 밀어 넣어야 한다.
덜컹거리는 유리창에 성에 번져
아득한 추억을 감지하리라.
때 절은 벽 너머 듬성듬성 들리는
개숫물 토해내는 소리며, 코 고는 이 켠
한 쌍의 숨 거친 소리도 청아해져
엄습하는 고독감에 푸르게
깨어 있어야 한다.

푸석푸석한 겨울밤 차갑게 메마를 때까지
골목길 진흙 웅덩이 서로를 끌어안아
얼어붙을 때까지
삶의 고단한 바퀴를 굴리며 가는
기적 소리 덜컹거리는 역전 옆
무거운 육신 내려놓고 찬 이불을
끌어 덮을 때까지.

외롭고 쓸쓸한 나무처럼

이 깊은 밤
문득 깨어나 칠흑 같은 밤을 흔드는
것이 무엇인지 묻고 싶다

폭풍이 다가오는 도시의 유리창을 뒤흔드는
알 수 없는 두려움이 아니라

어머니 자궁 깊은 심연으로부터
세상을 살아갈 아득함이
나를 이곳까지 밀어 올린 것은 아닐까

사람들 사이에 아무리 몸부비고 살아 있어도
고독의 뿌리는 철저히 혼자였다
문득문득 혼자였다

아니 태초에 나는
저 유리창 밖 숲의 나무들이
어울려 사는 것이 아니라

나무 하나하나가 철저히 고독한 영혼으로
바람에 흔들리는 것

산다는 것이 산다는 것이
외롭고 쓸쓸한 나무처럼

바람에 흔들리는 나무에 지나지 않았다

강 하구에서

누구나 하구에 이르면
세상의 한 끝자락에 선다는 걸 아는가
세월에 넉넉하게 길들어져
섭리를 거스르지 않은 자만이
등 푸른 바다와 만날 수 있다는 걸.

한 세상 족히 흘러왔을 둥근 조약돌아
먼 여울 물살 채이고 깎여
그렇게 제 몸 만들었노라고 반짝이는데.

더러는 잘게 쪼개져 모래가 되어
모래톱 위에 반짝이는
사금파리가 되어
한 세월 그렇게 살았노라고 하면
강둑 나무들 그렇다며 바람에
흔들리네.

새떼들 날아오른 하구에 이르면
세상의 한 끝자락에 선다는 걸 아는가
세상을 역류하며 삶에 지친
나의 모나고 각진 그림자
강물 위에 어른거리나니.

나는 어쩌면 하구에 이르지 못할 것이다
허망한 세월의 틈바구니에서
얼마나 체이고 깎여야
하구에 다다르겠는가.

석류

상사병에 걸려
여름내 신열을 앓고 난 소년처럼
발그레 물들기 시작하여
싸리울 너머로
황혼, 가을 하늘로 불타오르는데
혼신을 다해
너를 향해 터트리는
아릿한 사랑.

늦가을

난 가을이 왜 이리 휑한 가슴을 안고 사는지
불혹을 지나고도 몰랐다
그것이
지나간 추억 저편
사랑의 그림자인 줄 알았다
그것이
사막을 건너는 낙타의 슬픈 눈동자인 줄 알았다
아직 못다 이룬 꿈의 편린인 줄 알았다.
마지막 붉디붉은 단풍이
수북이 쌓이는 숲길을 걸으며
욕심을 내려놓는
낙엽 지는 소리를 들으며
난 아직도 이 나이에 하나도 내려놓지 않는
저 무거운 육신을 끌고 어디로 가는지
낙엽 밟는
늦가을 저녁

운주사 봄빛

우수가 지났던가, 골안개 자우룩이 깔리고 어녹이 치던 계곡물 뒤척이며 산 아래로 흐르면 새살 돋는 몸으로 간지러움 풀어내려 지천에 들풀들 합장한 모습으로 환생하네. 그런 봄날에 만산계곡을 오르면,

보살네들 서원하는 위로 심드렁한 와불은 팔베개하고 누워, 하품하는 그런 봄날 훠이훠이 산을 오르면 부부 보살 다정스러운데 길섶 언뜻언뜻 잔설 사이로 부서진 불두, 불신, 파불들 기다림의 세월처럼 닳아 문드러져도 56억천만 년 후에 온다는 용화 세계는 얼마의 거리인지 세는 동안. 울리는 아득한 깊이 아, 미륵불이여,

산 너머 전해온다는 수행승 흔적 따라 오르다가
부처보살을 만나면 부처보살을 죽이고
문둥보살을 만나면 문둥보살을 죽이고
머슴보살을 만나면 머슴보살을 죽이고
동굴에 처박혀 살을 썩게 하고
눈이 멀어지도록 수행타가
산정에 올라 백골로 흩어졌네
허깨비 같은 바람꽃 불어 자취조차 없네.

공사 바위 마애불만 미소로서 답하는데, 봄날 난만한 기운에 와불 일어날까 두렵네, 본디 난 곳이 없는데 생사는 무어며 고집스런 삶은 무엇이란 말인가, 기다림의 끝을 붙잡으려다가 비로소 내려가는 길이 열리네, 그윽하고 깊은 봄빛이여, 아득타 미륵이여.

별

지평선 너머
가도 가도 닿을 수 없는
그리움
아슴한 첫사랑
별은 이내 멀리 있고

우물가 깊은 집

먹구름이 덮어오는 적산 가옥
바람은 유리창에 윙윙대는데
숨어버린 고양이를 쫓다
뒤뜰 우물 웅숭깊은 물속에 비친
낯선 그림자.
소리 지르면 돌 틈에 맴돌아 오르는
쓸쓸한 유년이 두레박에 걸려
흔들거리는 오후
양은그릇 팔러 간 어머니는 오지 않고
달직한 술찌끼로 허기를 달래면
숫자는 거꾸로 세어지고
퀭한 눈동자에 쓸리는
흙먼지 길 위로 은백양 잎이
무수히 반짝거리고 있었다.

함석지붕에 후드득 떨어지는
빗방울
골방 아득한 이불 속.

언덕풍경

모래무지 숨던 시냇물 위로 흰 구름이 흐르고 하늘을 건너는 새떼들과 느릅나무 넓은 잎을 스치는 바람이 자유롭다고 느낄 때부터 언덕에 오르기 시작했다. 언덕에 오르면 더 가까운 하늘이 열리고, 안개를 향해 처음 보던 기차가 달리고, 긴 강물은 물살을 빨리하며 안개 속으로 사라져 가는 숨 막히는 풍경을 보았다.

서쪽에서 한 떼의 비가 지나고 누이 꽃신처럼 무지개가 서는 날이면 물구나무선 것처럼 정신이 아득하고 세일러복의 누이가 지나간다. 지친 햇살은 길게 산 그림자를 누이고 언덕 하늘은 읍내에 갔다 오시는 아버지 얼굴처럼 붉게 물들어 올라 알싸한 뱀딸기 내음이 난다.

언덕을 달려 내려오다 자갈을 주워 언덕 위로
던지면, 노을 속으로 무수히 떨어지던 새떼를 보았다.

목포집

추적추적 비라도 올라치면
그 집이 생각나네
곰삭은 홍어에
탁배기 한 잔 생각나는 목포집
술 취한 손님 주정 다 받아
처진 젓가슴 들썩이며
징한 육자배기 꺾을라치면
유달산 앞바다 퍼 담은 그리움이
하염없이 밀물 되어 몰아쳐 오면
니가 내 입에 떠여라
둥당 둥당 당기 둥당에
징글맞게 정도 많고 인심도 후해
상마다 참견도 많지만서도
코끝 찡한 삶도 없는 도시에
손님들은 그렇게 취해간다
시름도 그렇게 사라지고
시장통 인적 드물어질 때까지
아직도 외상이 통하는
목포집에 비는 내리고
백열등이 달빛처럼 유리창에
쏟아지는 주점에
탁배기 한 잔 더 주이소.

낡은 배낭

오래 집을 떠난 자만이
발 뻗고 등댄 집이 그리워지는 것이다.
나를 찾아 떠나본 자만이
수많은 얼굴 속에서 나를 비춰 볼 수 있으리라.

여정의 중간쯤, 새벽녘에
여인숙에 홀로 깨어
낭패한 절망을 만나
주섬주섬 낡은 배낭을 꾸려 가지고는
남쪽 바다, 끝없이 삶을 엄습하는
파도 앞에 서서
사유의 그늘을 드리우는 일이다.

때로, 오지에서 길을 잃었던
밤하늘에 만난 무수한 별들을 기억하리라
언제나 만나는 낮은 산등성이
길동무 삼아 걸을 때면
듬성듬성 모여있는 마을의 불빛
살가운 정에 몸 부비며, 일렁이던 달빛들.

먼 밤 흐린 등불을 달고
차창에 지워지는 추억, 아스라이

시간을 거슬러 올라가는 기차에 몸을 맡기면
아득한 삶의 터널을 지나

남쪽 바다에 닿았다 수평선은 아득하다
더는 갈 수 없는 막막함에 소주를
바다에 부었다
잘 가라 쓸쓸한 삶이여, 허망했던 사랑이여
바다 한잔, 나 한잔
가슴 깊이 아린 상처가 쓰려왔다

삶의 막막함에 서 보면 알 것이다
절해고도의 벼랑에 서서
속으로 삼키던 울음소리를

밤 파도는
끝없이 그리움을 말아 올렸다
저 멀리 남십자성은 끝없이 빛나거늘

아침
솟아오르는 해를 보며
눈부신 남쪽 바다에게 죄스러웠다.
다시 온 길을 걸어가야 한다는 것을
짐작하고 있었다.

눈 내린 자작나무 숲가에서

알몸에
그어진 무수한 상흔에
눈까지 처연하다

미안하지만
쓸쓸한 사람은 오지 않았으면

슬픔에 슬픔을 보탠 눈물을
흘리지 않는 날들이 되기를

순명의 삶이 길어 올린 순정한 언어들

박 일 환(시인)

1.

박수찬 시인, 하고 부르려니 입에 잘 달라붙지 않는다. 오래도록 박수찬 선생님, 하고 불러왔기에! 언젠가 내게 지나가는 말로, 교사 생활을 하는 동안 시를 못 써서 쑥스럽긴 하지만 자신도 등단한 시인이라고 했던 말을 기억한다. 아, 그러셨구나 하고 말았을 뿐 이런저런 자리에서 만나면 그냥 동료와 후배 교사들에게 존경받는 좋은 교사로만 내 인상에 남아 있었다. 그러다가 덜컥 시집 원고를 받았다. 시집 뒤에 들어갈 말을 부탁한다는 전언과 함께.

1982년에 등단을 했으니 첫 시집을 내기까지 얼마나 걸린 것인가? 헤아려 보니 물경 36년 만이다. 일제강점기를 건너온 것도 아니고 이게 대체 무슨 세월이란 말인가! 그 긴 시간 동안 그럼 박수찬 시인(이제부터 시인이라 부른다)은 무얼 했더란 말이지, 하며 생각해보니 그냥 시를 살아온 세월이었을 거라는데 결론이 미친다. 평교사를 거쳐 내부형 공모제 교장으로, 그러다 다시 평교사로 정년을 앞두기까지 박수찬 시인은 교사라는 직분에 누구보다 충실하고자 했다. 시인과 교사, 둘 사이를 오가며 이도 저도 아닌 어중된 세월을 보낸 나에 비하면 자신이 서 있어야 할 자리를 확실하게 틀어쥐고 있었던 셈이다. 그깟 시? 이렇게 말하면 시에 대해 미안한 마음이 들기도 하지만, 삶보다 앞선 시가 있을 수 없다는 점을 생각하면 그리 막된 표현도 아닐 것이라 믿는다. 그런 점에서 박수찬 시인이 비록 꾸준히 시를 쓰고 발표하는 건 아니었지만 시를 버리거나 잊고 살아오지는 않았다는 건 분명하게 말할 수 있겠다. 이번 시집이 그런 사실을 뚜렷이 증명한다.

그렇다면 박수찬 시인은 대체 어떤 시를 써왔기에 꽁꽁 묶어두었다가 이제야 애오라지 첫 시집을 내게 된 걸까? 그런 궁금증은 당연하게도 등단작을 살펴보게 만든다.

지친 저녁 귀가에는
어느새 어둠이 따라와 걸었다
눈 덮인 길을 미끄러지며
고삐에 매달려
끌려가던 희뿌연 달빛
주인의 기침 소리를
조랑말의 눈동자는 바람에 놓치지
않으려고
그저 애쓸 뿐인데
자꾸 바람은 살내음을 비집고 들어와

뼛속 깊이 묻히려 한다
신작로 미루나무 사이로
밤안개를 가르며 날던
기러기들의 원무(圓舞)
너희들의 가냘픈 곡선만큼
휘어진 나의 척추는
조랑말의 등 위에서 휘어져 날고 있다
이제 홰나무재를 넘으면
토담집 불빛이 막내놈 웃음처럼
새어나올 때
숨죽였던 방울 소리 다시 들리고
주머니 속 동전 몇 닢은 은화로 살아나고
햇빛을 많이 받은 사람에게
가난은 죄가 아니라고
햇빛이 있는 가난이라고
바람은 살에서 빠져나와 바람으로
달리고 있었다.

—「마부」 전문

마음을 아늑하게 가라앉혀 주는, 말 그대로 아름다운 서정시다. 그리고 이 시에 박수찬 시인이 추구하는 시 세계의 원형질이 그대로 담겨 있다는 생각을 했다. 쓸쓸함과 가난과 그리움, 그러면서도 넘어지거나 쓰러지지 않으려는 내일에 대한 희망이 '은화'처럼 빛나고 있는 시편이다. '햇빛이 있는 가난'이라는 시구가 자칫 서러울 수도 있는 상황을 절묘하게 비관에서 건져 올리고 있다. 낙관이 늘 좋은 건 아니지만, 그러한 낙관이 있어 삶의 힘겨움을 버티게 해주는 것도 사실이다.

등단작의 이러한 낙관주의는 그러나 구체적 현실의 삶에 부딪혀 가는 과정 속에서 일정한 변모를 거친다. 왜 안 그렇겠는가. 등단할 무렵의 나이가 아직 청춘이라고 할 이십 대 중반을 막 넘어서는 시기였으므로 자신의 힘으로 생계를 꾸려가고 가족을 건사해야 할 생활인은 아니었을 것이다. 등단작에 스며 있는 쓸쓸하면서도 낭만적인 세계 인식은 현실의 삶이라는 암초들을 만나면서 굴절될 수밖에 없었으리니, 중년 이후에 쓰였을 것으로 짐작되는 시편들에서 그런 편린을 만날 수 있다.

밤하늘의 무수히 빛나는 별들과
언덕 위에 쏟아지는 달빛이 아니었더라면
견딜 수 없는 고독감에
이 황량한 사막을 건너지 못했으리라
설령, 그것이 가난만은 아니더라도
설령, 그것이 사랑의 상처만은 아니더라도
뭇별들이 이끄는 사막을
낙타의 등을 타고 건널 때
고독이 담긴 그림자 길게 끌리다.

—「먼 길 아름답고 쓸쓸한 삶」 일부

조랑말이 낙타로, 신작로가 사막으로 바뀐 것과 동시에 '고독'이라는 말이 시편을 감싸고 있다. 「마부」에서는 보이지 않던 정서다. 그냥 쉽게 나이 탓이라고 할 수도 있겠으나 그만큼 현실 인식이 깊어졌음을 뜻한다고 볼 수 있다. 여기서 고독을 나약함 같은 것으로 치환해서는 안 된다. 나약함은 버려야 할 것이지만 고독은 더불어 살거나 데리고 가야 할 대상이기 때문이다. 시의 제목에 있는 것처럼 고독은 본래 '아름답고 쓸쓸한' 것이다. 아름다움과 쓸쓸함이라는 서로 어긋나는 듯 보이는 두 정서가 어우러질 때 우리는 고독이 지닌 힘을 발견하게 된다. 그래서 시인은 시의 마지막 구절에서 '먼 길, 아름답고 쓸쓸한 삶을 감내하리라' 라고 말한다. 감내한다는 것, 그건 피할 수 없는 조건이라는 걸 전제로 한다. 고독은 자신을 돌아보게 만든다. 또한 앞으로 살아가야 할 자세나 태도 혹은 방향을 가늠하게 해주기도 한다. 그게 없다면 그냥 무한 질주의 세계로 빨려들게 되고, 그러다 보면 무반성의 삶에 갇힐 수밖에 없다. 따라서 고독은 멈춤과도 통하는 지점이 있으며, 거기서 진정한 자신의 모습과 마주치게 된다. 그게 때로는 회한으로 작용하기도 하지만, 그걸 넘어서는 건 시인의 몫이다. 「마부」에서 드러난 낙관은 「먼 길 아름답고 쓸쓸한 삶」에 이르러 의지 혹은 다짐으로 변환된다. 낙관이 아직 오지 않은 미래에 대해 어느 정도 무대책이라면 의지나 다짐은 미래의 모습이 구체적이진 않지만 어쨌든 자신이 감당해야 할 몫이라는 걸 분명히 인식하게 해준다.

2.

돌산을 뒤로하고 세상 멀리 나갔네 황량한 바람 부는 도시에 몸 섞여 살아가며 산꽃, 별, 나무 같은 동심 다 잃어버려 삶에 채이고 곪아 터진 상처 안고 고향에 온 날 돌

산은 말없이 반겨주었네 내 삶의 잔잔한 앙금이었다는 것
을 어렴풋이 알 수 있었네 앞으로 어떤 어려움이 닥쳐도
돌산 하나 우뚝 솟아 있듯이

—「돌산」 일부

생활인이 된 시인은 오랜 세월 외롭고 쓸쓸한 삶을 어떻게 견뎌왔을까? 많은 이들이 그렇듯 자신의 태를 묻은 고향이 자신을 끌어당기고 있음을 의식하게 되고, 거기 의탁하려는 마음을 가지게 된다. 삶의 원초성이랄까 하는 근원이 주는 힘은 무척 세다. 그건 재물이나 명예 같은 걸로 환산되지 않는다. 아니 그런 세속성을 정화시켜 주는 힘이 있다. 그래서 시인은 '삶에 채이고 곪아 터진 상처 안고 고향에 온 날' 자신을 반겨주는 돌산 앞에서 '앞으로 어떤 어려움이 닥쳐도' 헤쳐 나갈 수 있는 힘을 얻는다. 잠시 다녀가는 고향일 뿐이고 어쩔 수 없이 도시로 돌아와야 하지만, 뒤에서 묵묵히 자신을 봐주는 존재가 있다는 건 든든한 정신적 자산이다.

하지만 그런 고향도 퇴락의 길로 들어선 지 오래다. 도시는 욕망이 넘실대는 곳이고, 시골도 점차 그런 욕망의 주변부로 편입되어 가고 있는 게 현실이다. 시인이 어릴 적 활보하고 다녔을 읍내의 풍경도 사뭇 달라졌다.

한때는 흥청거린 장터에
점포들 하나하나 사라지고
길 잘못 든 외지인들 가끔 찾는 식당과

종묘상, 구식 전축 앞에 놓인 전파상이
이 읍의 전부라고 말하기에는 쓸쓸한 읍내
거기, 오래된 감나무 하나 서 있었지

―「말목 장터 감나무」 일부

다른 시에서 '어릴 적 반짝이던 별들은 여전히 숨어 있고/ 사금파리 주우며 멱감던 시냇가도/ 오랜 그리움 대숲에 일렁'(「고향집」)인다고 했지만, 지금의 고향은 옛날의 고향이 아니다. 어쩔 수 없는 일이라고는 해도 쓸쓸한 건 쓸쓸한 거고, 그래서 삶은 늘 아득하다. 오래 전에 떠나온 읍내, 거기 '빛바랜 추억' 외에 또 무엇이 남아 있을까? '막내아들 전쟁터에 잃어버린/ 슬픔을 온전히 안고 살'던 '슬픈 할머이'(「할미꽃」)의 무덤만이 '뒷산 양지녘'을 지키고 있을 따름 아니겠는가.

박수찬 시인의 시에는 화려한 도시 풍경이 나오지 않는다. 도시를 그린다고 해도 변두리에 있는 '골목길 막다른 해장국집'(「3500원 해장국」)이나 '철거 앞둔 스산한 산동네'(「진눈깨비」) 같은 곳을 찾아다닐 뿐이다. 도시살이의 즐거움을 누린다고 해봤자 기껏 청계천 7가로 나가 헌책과 고물들이 늘어서 있는 거리를 거니는 정도이다.(「즐거운 산보」)

도시의 삶이 편안치 않다면 어디서 마음의 평온과 안정을 찾을 수 있을까? 시인은 '육중한 시멘트덩이의 도시를 지우며' '욕망의 경계를 넘어 세상 바깥에 다다르면 나는 잠시 행복에 젖는다'(「안개 속의 풍경」)라고 말한다. 그래서 박수찬 시인은 세상 바깥을 찾아 어디론가 자꾸 떠난다. '서녘으로 향하는 장항선을 타고/ 금강 하구 어디메쯤 내'(「서해에는 추억이 산다」)리거나, '강릉행 완행열차'를 타고 '등 푸른 바다를'(「완행열차」) 만나러 간다. 그러다가 아래 시처럼 문득 귀거래를 꿈꾸기도 한다.

> 눈 시린 아침 숲이 귀를 세울 때 하루갈이 채마밭에 아욱, 달래, 참밀 소담스레 가꾼 푸성귀 소반에 올리는 노동의 참맛을 깨닫게 해다오 웃자란 보리밭 두둑에 논종달이 지저거릴 때 문득, 속세 틈바구니에 살며 죄지었던 부끄러움을 풀쳐버리게 해다오
>
> —「귀거래사」 일부

'속세 틈바구니에 살며' 지었던 죄를 씻고자 하는 마음은 간절하나, 그런 '부끄러움'이 곧장 결행의 단계로 이어지는 건 아니다. 도시를 떠나 농촌으로 삶의 터를 옮기기 위해서는 지금 당장의 현실적인 조건들을 해결해야 하는데 그게 그리 쉬운 일이 아님은 시인 자신이 먼저 알고 있을 것이다. 그래서 시인이 자주 찾는 건 산과 그 안에 깃든 절집들이다. 특히 겨울 산과 겨울 숲이 자주 등장하는데, 그 이유를 이렇게 말한다.

> 눈 내린 겨울 숲에 이르고서야
> 사람이 얼마나 어리석고
> 하찮은 존재인지 알게 되었네
> 나무는 평생 한 발짝도 움직이지 않고서
> 숲을 이루고
> 사랑을 얻었네

눈 내린 배경으로 아름다운 숲을 이루었네

—「겨울 숲에 서서」 일부

'숲은 오만하거나 도도한 자에게는/ 절대 제 모습을 드러내어 보여 주지 않'(「겨울 숲」)기에 집착과 헛된 마음을 모두 내려놓아야 한다. 세속의 욕망에 휘둘렸던 자신이 얼마나 '어리석고 하찮은 존재인지'를 알게 되는 건 나무가 '평생 한 발짝도 움직이지 않고서/ 숲을 이루'는 모습을 통해서다. 그럴 때 욕망을 좇아 종종걸음치는 인간의 오만함은 자연 앞에서 설 자리가 없다.

이러한 무위자연(無爲自然)의 모습을 닮고자 하는 마음은 공(空)을 중시하는 불교의 정신과 통하는 바가 있다. 하여 산중에 있는 절은 시인이 지친 마음을 부려놓는 피안의 세계이자 불법(佛法)을 통해 깨달음을 구하는 장소이기도 하다. 특히 산사에서 듣는 새벽 예불 소리는 시인에게 상당히 깊은 인상을 남겼던 모양으로, 「내소사 가는 길」과 「구름 속 나반존자를 찾아서」 두 편의 시에 아름답게 그려져 있다.

불교적 세계관을 가장 압축적으로 보여주는 작품이 바로 아래의 시다.

단순하게 눈이 내린다.
같은 배경으로 부도 위에 눈이 내린다.
성불은 없다.
성불은 없다.
대웅전 문턱이 닳도록 오르던

신도들 다들 내려갈 때까지
지루하도록 내리는 눈 위로
세상은 고요히 덮어가고
심드렁한 와불 눈만 끔벅이는데
눈발 깊어 암자 가는 길 끊기고
멀리 죽비 내리치는 소리

—「부도에 내리는 눈」 전문

아름다움의 극치는 단순함에 깃들이는 법이라고 말할 수 있다면 바로 이 시가 그런 사실을 증명해주기에 충분하다. 부도는 부처의 사리를 모신 탑인데, 그처럼 성스러운 곳 위로 그게 뭐 대수냐는 듯 아무 말도 없이 '단순하게 눈이 내린다.' '부처보살을 만나면 부처보살을 죽이고/ 문둥보살을 만나면 문둥보살을 죽이' (「운주사 봄빛」)라는 말씀과도 통하는 풍경이 아닐 수 없다. '성불은 없다' 라는 구절을 두 번 반복함으로써 성불을 하고자 하는 마음마저 욕망의 다른 표현일 수 있음을 일깨우고 있는 셈이다.

3.

부처님 말씀을 따라 마음을 비워 보지만, 그 빈 마음에 다시 다른 마음이 들어서는 게 인간이란 존재다. 머리 깎고 수행승의 길로 들어서지 않는 한 세속의 삶으로부터 벗어날 길은 없다. 어떤 식으로든 세상을 껴안고 살아갈 수밖에 없다고 할 때, 무엇을 마음의 푯대 삼아 나아가야 할 것인가? 여기 세상을 살아가는 박수찬 시인의 마음결을 잘 보여주는 시가 있다.

눈이 내린다
가난한 자의 집에도
부자의 집에도
눈이 내린다.
잠시, 순백의 살결을 드러내어
평등함을 가르쳐준다
눈이 귀찮아진
부자들은 부지런히 눈을 치우지만
가난한 자들은 눈과 함께 녹는다.
이 마을에도 밤이 온다.
별도 안쓰러워
가난한 지붕에 기대는
겨울밤

—「눈」 전문

가난한 자의 집과 부자의 집을 가리지 않고 내리는 눈을 통해 시인은 '평등'이라는 가치를 이야기한다. 하지만 평등을 이야기한다고 해서 아무런 갈등과 차별이 없는 천국과 같은 세상을 노래하는 건 아니다. 눈은 평등하게 내리지만 우리가 사는 세상은 공평하지 않다는 걸 시인은 누구보다 잘 알고 있다. 그러하기에 가난한 자의 슬픔에 대해, 그리고 위로받아야 할 이들이 누군가에 대해 순정한 언어로 이루어진 예민한 촉수를 내밀 줄 안다. '가난한 지붕에 기대는' 별을 통해 시인의 마음이 어디로 향하고 있는지 우리는 충분히 느낄 수 있다.

박수찬 시인은 현실 바깥의 세상을 꿈꾸지 않는다. 그저 '허물없이 먹다 남긴 밥을 다른 식구가 먹고/ 막내놈 입가에 묻은 밥풀에도 까르르 웃는/ 된장찌개 바닥 긁는 소리가 나는 저녁'(「食口」)이면 충분히 행복할 수 있다고 생각한다. 그럼에도 이런 시간조차 제대로 허락하지 않는 가난은 슬픔을 동반한다. 그런 슬픔을 외면하지 않고 긍휼히 여기는 마음, 그걸 시인은 '슬픔을 견디는 영혼(「먼 길 아름답고 쓸쓸한 삶」)'이라고 말한다. 그래서 '떨어지는 눈발에도/ 슬픔의 무게를 얹(「겨울 저녁」)'으며 한세상을 건너간다.

어찌 그리 절박한 삶을 사느냐고 물으면
한목숨 부지하기 위해
부지런히 살아왔다고
거기, 순명하는 백척간두의 생을 보았다

—「공룡 능선 소나무」 일부

'한목숨 부지하기 위해/ 부지런히 살아' 온 이들을 향한 시인의 애정은 때로 위선에 가득 찬 세상을 향한 분노로 나타나기도 한다. 먹지 못해 악성 빈혈에 시달리던 거지가 사거리에서 트럭에 깔려 죽어도 자기들끼리만 반짝이는 병원과 교회의 십자가들을 고발하는가 하면(「순교자」), '사람들이 저지른 온갖 죄를/ 모아다 놓고' '아무 일도 없다는 듯/ 가증스럽게 편안히 잠'든 도시를 향해 '벼락 맞을 놈들'(「피뢰침」)이라고 일갈한다. 애정과 분노는 이렇게 동전의 양면을 이룬다. 이게 시인이 세상을 이해하고 사랑하는 방식이다. 박수찬 시인이 그려낸 아름다운 서정시들은 이러한 바탕 위에서 피어났다.

4.

박수찬 시인의 아름다운 시편들을 많이 소개하고 싶었으나, 글을 마무리할 때가 된 듯하다. 누구나 그렇듯 가슴앓이하는 청춘 시절을 거쳐오기 마련이고, 박수찬 시인 역시 그러했을 게다. 아래 소개하는 시를 통해 박수찬 시인의 젊었을 적 한때를 더듬어보는 기쁨을 누리고 싶다.

묵호의 한때를 기억하리라
선창가를 휘돌아가는 비릿한 바람과
굵은 저음의 뱃고동 소리가
안개 속으로 자욱이 가라앉는데
깊은 이별을 바라다보아야 한다
거친 바다에서 돌아온 어부들의
독한 술 냄새를 맡으며
해무 짙게 내리는 산비탈길을 올랐다
멀리 밤바다는 고독한 나를 호명하였다.
살아 있는 것만으로도
푸른 바다 등비늘처럼 빛나던
청춘은 그렇게 그렇게
마른 가자미 해풍에 말라가듯이
야위어 가던 한때
소설을 쓰던 친구는 폐병에 걸려
산속으로 들어가고

밤새 끄적거리다 봉당에 나와
쪼그려 앉아 담배를 피워 물면
새벽 바다는 끝없이 파도를 말아 올렸다
외로움과 그리움이 너울대던 한때
명자나무 꽃이 필 때면
이 마을 처자 누군가는 서울로 떠나고
중풍을 앓던 할머니 봉양으로
마을에 남은 한 처자를 사랑했었다
고독도 사치인 한때를 견디게 했다.

—「명자나무」 전문

'외로움과 그리움이 너울대'고 '고독도 사치인 한때를 견디게' 해준 사랑까지 따라가노라면, 누구든 청춘의 아득함에 절로 가슴 시린 느낌을 전해 받을 수 있으리라. 그런 청춘의 시절을 거쳐온 시인도 '설악산 공룡 능선을 타는 건 이제 힘이 부치'(「공룡 능선 소나무」)고, 가까운 벗이 암에 걸려 세상을 떴다는 부음(「간암」)을 들어야 하는 나이가 되었다. 무엇보다 가슴 아픈 일은 최근에 친동생을 먼저 저세상으로 보낸 일이다. 그런 참혹한 슬픔까지 감내해야만 하는 세월이 얼마나 야속하고 원망스러웠을까? 그럼에도 늙어간다는 게 꼭 서러운 일만은 아닐 거라고 믿는다. 시인 스스로 '인간이란 조그만 존재가 무얼/ 거스를 수 있다는 말인가'(「간암」)라고 말했듯이 순명의 삶을 사는 것, 그게 세월이 전해준 가르침일 수도 있을 테니!

늙어가도
언제나 그 자리에 서서
잎을 매달고 넓은 그늘을 드리우는
너는 살아 있는 참교육이구나.

—「공립중학교 느티나무」 일부

이제 곧 박수찬 시인은 교단을 떠난다. 정년 이후에 어떤 삶을 준비하고 있는지 모르겠으나, 어느 자리에서 어떤 일을 하든 위에 인용한 구절처럼 품 넓은 느티나무와 같은 모습으로 서 계시지 않을까 싶다. 아울러 이 시집이 평생 아이들 앞에 좋은 교사로 서고자 했던 박수찬 선생님이 오랜 세월에 걸쳐 스스로에게 지어 올린 조촐하면서도 오롯한 시의 집 한 채가 되어 줄 수 있기를 바란다.

문학세계대표작가선 871

먼 길 아름답고 쓸쓸한

박수찬 시집

인쇄 1판 1쇄 2018년 11월 30일
발행 1판 1쇄 2018년 12월 7일

지 은 이 : 박수찬
펴 낸 이 : 김천우
펴 낸 곳 : 도서출판 천우
등 록 : 1992. 2. 15. 제1-1307호
주 소 : 서울시 성동구 무학봉28길 6 금용빌딩 2F
전 화 : 02)2298-7661
팩 스 : 02)2298-7665
http://moonhak.wla.or.kr
E-mail : chunwo@hanmail.net

값 10,000원

ISBN 978-89-7954-743-6

이 도서의 국립중앙도서관 출판예정도서목록(CIP)은 서지정보유통지원시스템 홈페이지 (http://seoji.nl.go.kr)와 국가자료공동목록시스템(http://www.nl.go.kr/kolisnet)에서 이용하실 수 있습니다. (CIP제어번호: CIP2018038420)